Charles-Marie

WIDOR

SYMPHONIE ROMANE

Opus 73

FOR ORGAN

K 04043

La Symphonie Gothique a pour sujet le *Paer natus est* de Noël; celle-ci, l'*Hæc dies* de Pâques.

Ainsi que la plupart des cantilènes destinées au "Petit-Chœur," c'est-à-dire à un groupe de quatre ou cinq voix, le *Paer natus est*, de lignes très pures, de solide construction, se prête on ne peut mieux au développement polyphonique; c'est un excellent sujet à traiter.

Tout autre est l'*Hæc dies*, élégante arabesque ornant un texte de quelques mots._environ dix notes par syllabe._ vocalise insaisissable comme un chant d'oiseau, sorte de point-d'orgue conçu pour un virtuose libre de contrainte.

Pour imposer à l'attention de l'auditeur un thème aussi fluide, un seul moyen: c'est de le répéter sans cesse.

Telle est la raison de ce premier morceau de la "Symphonie Romane," lequel, sacrifiant tout au sujet, ne risque çà et là quelque timide tentative de développement que pour l'abandonner bien vite et se raccrocher aussitôt à l'idée première.

L'indépendance rythmique des chants Grégoriens s'ac-comode mal de l'absolutisme de notre mesure métrono-mique. Est-il rien de plus délicat que de transcrire en signes modernes les vocalises d'un *Graduel* et d'un *Al-leluia?* Alors on en vient aux explications parlées et aux commentaires: *Quasi recitativo, rubato, espressivo, a piacere* etc:

Peut-être serait-il même opportun, en ce cas, de proposer plusieurs versions d'un même thème pour en mieux faire sentir l'inexprimable souplesse et le caractère de liberté quand même.

Par exemple:

The "Gothic Symphony" is founded upon the christmas hymn "A Child is born"; the present symphony has for sub-ject the easter hymn "This day".

As is the case with the majority of vocal compositions intended for the "Petit-chœur," that is to say for four or five voices grouped, "A Child is born" is symmetrical in form and of massive construction, it lends itself admirably to polyphonic treatment; it is an admirable subject for development.

"This day" is of a totally different character; a graceful arabesque illustrating a text of several words, about ten notes to each syllable; it presents a vocal phrase as difficult to fasten upon as the song of a bird: a sort of pedal-point adapted to an executant exempt from all rule.

The only mode of fixing on the auditor's ear so unde-fined a motive is to repeat it constantly.

This is the principle on which the first number of the "Symphonie Romane" is constructed: it is a movement which sacrifices every thing to its subject: here and there the composer has somewhat timidly embarked in development, but this departure is soon abandoned and the original plan of the work resumed.

The rythmical freedom of gregorian chants clashes with our stern metronomic time. What task requires more deli-cate handling than the transcription into modern notation of a vocal Graduel or of an Alleluia! *The transcriber is reduced to the necessity of verbal explanation*: Quasi re-citativo, rubato, espressivo, a piacere etc.

Some thing might indeed be gained by putting forward several versions of an individual theme in order that the remarkable suppleness and freedom of the composition under all aspects may be better understood.

For example:

Il ne s'agit ici, bien entendu, que de l'interprétation d'un texte grégorien présenté en *Solo;* tels l'exposi-tion de cette symphonie sous la pédale aigüe de *Fa dièze*, et plus tard le renversement de cette même ex-position sur l'*Ut dièze* à la basse. Point n'est besoin d'ajouter que, lorsque ce thème est pris dans le réseau symphonique et devient partie intégrante de la poly-phonie, on doit l'exécuter strictement en mesure sans atténuation d'aucune sorte, avec calme et grandeur. Alors il n'est plus libre: il est devenu la propriété du compositeur qui l'a choisi.

It will be understood that we are only speaking here of the mode of interpreting a gregorian theme transcribed as a Solo, *instances of this are found where the motive is given out in this symphony under the pedal note of the high F sharp: again in the case of the inversion of the same motive accom-panied by a C sharp in the bass. It is needless to add that when the theme occurs in the course of a harmonic pro-gression and is treated polyphonically it must be executed in strict time, with out modification of any sort, with calm dignity: it then becomes so completely transformed as to lose its own individuality and to assume that of the composer.*

Ch. M. Widor.

SYMPHONIE ROMANE

I

G. P. R. fonds et mixtures 2.4.8. — Ped. fonds 4.8,16.

Ch. M. Widor. Op: 73.

4

diminuendo.

Poco a poco ritenuto.

II
CHORAL

G. flûte 8. __P. fonds 8. __R. flûtes 4,8 __Ped. fonds 8.

poco rit.

a tempo.

mf

(Ped 8, 16)

G

p

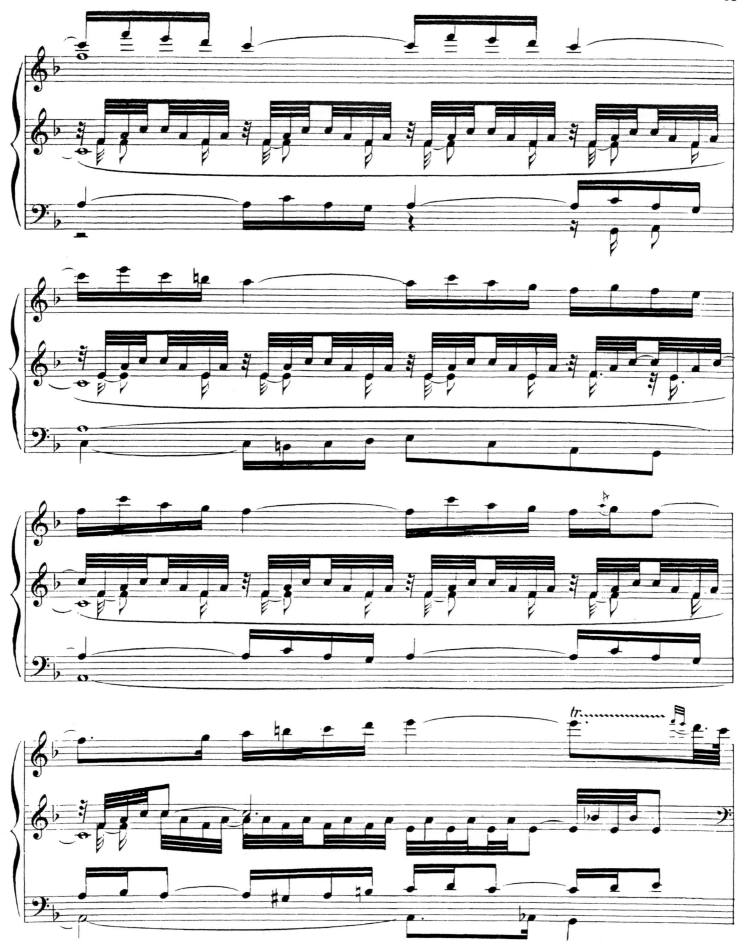

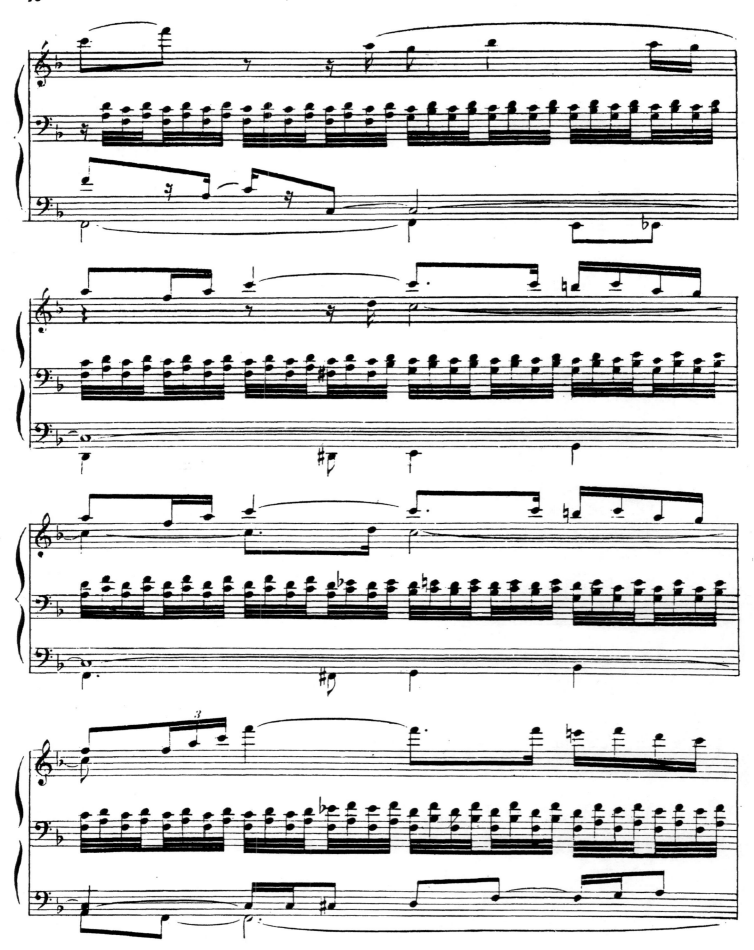

Poco a poco ritenuto.

III
CANTILÈNE

G. fonds 8. prestant. __P. fonds 8. __R. clarinette.__Ped. 8,16.

Un poco agitato.

IV
FINAL

A tempo ma meno vivo.

Andante quasi adagio.

(1)
ossia